BEI GRIN MACHT S
WISSEN BEZA

- Wir veröffentlichen Ihre Hausarbeit, Bachelor- und Masterarbeit

- Ihr eigenes eBook und Buch - weltweit in allen wichtigen Shops

- Verdienen Sie an jedem Verkauf

Jetzt bei www.GRIN.com hochladen und kostenlos publizieren

Sebastian Reichenbach

Multiple Sklerose - Ein Leben mit MS aus der Praxis

GRIN Verlag

Bibliografische Information der Deutschen Nationalbibliothek:

Die Deutsche Bibliothek verzeichnet diese Publikation in der Deutschen Nationalbibliografie; detaillierte bibliografische Daten sind im Internet über http://dnb.d-nb.de/ abrufbar.

Impressum:

Druck und Bindung: Books on Demand GmbH, Norderstedt Germany
ISBN: 978-3-656-57524-5

Multiple Sklerose - Ein Leben mit MS aus der Praxis

Semesterübergreifende Seminararbeit

Modul	Sozialarbeit mit alten, kranken und sterbenden Menschen
vorgelegt am:	30. November 2012
Studienbereich/Studiengang:	Soziales/Soziale Arbeit
Vertiefungs-/Studienrichtung:	Soziale Dienste

Inhaltsverzeichnis

Abbildungsverzeichnis

1 Einführung in das Thema

Die Multiple Sklerose (MS) ist nach der Epilepsie die zweithäufigste Krankheit, die im frühen und mittleren Erwachsenenalter zu verschiedensten Störungen führt und eine der häufigsten, chronisch-entzündlichen Erkrankungen des Nervensystems darstellt (vgl. Web 05). Es erkranken vornehmlich Erwachsene zwischen dem 20. und 40. Lebensjahr, Frauen häufiger als Männer (Gehlen, S. 271, 2010). Sie gehört zu den neurologischen Erkrankungen, deren Pathologie schon frühzeitig beschrieben wurde. So wurden bereits im 18. Jahrhundert erste Beschreibungen von Gehirnveränderungen von Charecot festgestellt und diskutiert (vgl. Kesselring, S. 20, 2005). Sie bilden die Grundlage einer intensiven Forschungsarbeit, welche auch heute noch lang nicht abgeschlossen ist. Der Verlauf des Krankheitsbildes ist neben chronisch, zunehmender Beschwerden geprägt von einem nicht unerheblichen Risiko entstehender psychischer Behinderung (Paulig, S. 14, 2010). Eine genaue Zahl von MS-Erkrankungen ist nicht bekannt. Man geht jedoch derzeit von circa 2,5 Millionen Betroffenen weltweit aus (vgl. Paulig, S. 13, 2010).

Die Krankheit ist gekennzeichnet von verschiedensten Symptomen und das Auftreten sogenannter Schübe. Sind diese stark ausgeprägt oder bilden sie sich nicht zurück, können sich mitunter schwere Behinderungen entwickeln. Stehen beispielsweise Bewegungsstörungen wie eine Gang- und Standunsicherheit (Ataxie) und Lähmungen im Vordergrund, die sich bis zur Gehunfähigkeit steigern können, sind viele körperliche Alltagsaktivitäten nur noch eingeschränkt, nur für eine bestimmte Dauer oder nur mit Unterstützung möglich. Somit hat die MS erheblichen Einfluss auf die soziale Lebensqualität.

Die „Multiple Sklerose“ (MS) ist eine Krankheit, welche unmittelbar nach der Diagnose viele Ängste hervorruft, weil den Betroffenen oft ungewiss ist, wie sich die Zukunft mit dieser Krankheit gestaltet. Die „Krankheit mit den tausend Gesichtern“ wie sie umgangssprachlich auch genannt wird, wirft bei Betroffenen viele Fragen auf. Was ist Multiple Sklerose für eine Krankheit? Welche gesundheitlichen Folgen bringt sie mit sich? Ist MS tödlich? Nach der Konfrontation mit einer solchen Diagnose steht Patienten eine zwangsläufige Auseinandersetzung mit dem Krankheitsbild bevor. Dennoch, ein Leben mit MS möglich. Für die Entwicklung einer Bewältigungsstrategie (Coping) spielt diese Auseinandersetzung eine große Rolle. So müssen Betroffene ihr Leben an die individuell und unterschiedlich ausgeprägten körperlichen Möglichkeiten anpassen (vgl. Web 07).

Die vorliegende Arbeit beschäftigt sich mit dem, bis heute noch nicht völlig geklärten, Phänomen der „Multiplen Sklerose". Was zeichnet die Krankheit aus? Welche unterschiedlichen Verläufe sind dabei möglich? Kann man mit dieser Krankheit ein glückliches Leben bestreiten? Im Mittelpunkt der Ausarbeitung steht dabei ein Bericht einer betroffenen Frau, welche, wenn auch eher selten, im hohen Alter an MS erkrankte. In persönlichen Gesprächen schilderte sie ihre Erfahrungen mit der Krankheit ausgehend von der Diagnose, den damit verbunden Einschränkungen bis hin zur Bewältigung für einen gelingenden Alltag.

2 Multiple Sklerose

In diesem Kapitel soll zunächst der Versuch unternommen werden, den vielfältigen Begriff der „Multiplen Sklerose" näher zu erläutern. In der Literatur findet sich dazu eine Vielzahl von Definitionen, welche sich jedoch immer auf den wesentlichen Kern beschränken. MS wird dabei als eine entzündliche Erkrankung des Zentralen Nervensystems (ZNS) beschrieben. Im Folgenden werden die Entstehung und verschiedene Verlaufsformen beschrieben.

2.1 Was ist MS?

Das menschliche Nervensystem verarbeitet Informationen aus der Umwelt und dem eigenen Körper. Im Zentrum steht dabei das Gehirn, welches zusammen mit dem Rückenmark unser Zentrales Nervensystem bildet. Die Multiple Sklerose ist eine der häufigsten, entzündlichen Erkrankungen dieses zentralen Nervensystems (vgl. Neuhofer, S. 9, 1998). Sie zählt zugleich als eine der schwersten, organischen Erkrankungen des ZNS. Eduard von Rindfleisch[1] erkannt bereits 1863, dass eine Entzündung die Ursache der Nervenschäden bei MS ist. Er entdeckte bei der Analyse von Gehirnen verstorbener MS-Patienten, dass alle Proben in der Mitte einer jeden Schädigung ein Blutgefäß aufweisen. Damit ebnete er entscheidend den Weg in die Ursachenforschung der MS (Web 02).

Heute weiß man, das sich im Gehirn sowie im Rückenmark entzündliche Herde (Läsionen) entwickeln, die wiederum unterschiedliche Symptome bedingen. Da es sich oftmals um mehrere (multiple) Herde handelt, die nach einiger Zeit eine harte Konsistenz (sklerotisch) aufweisen, wird die Krankheit „Multiple Sklerose" genannt. Je nachdem wo sich die Entzündung (Herde) entwickelt, kann es zu verschiedenen Beschwerden kommen. Da das Gehirn sowie das Rückenmark eine Vielzahl von Körperfunktionen steuern, reichen diese von Seh-/ Gefühlsstörungen, Schmerzen oder Lähmungen bis hin zu kognitiven Einschränkungen wie Aufmerksamkeits- und Gedächtnisabnahme (vgl. Henze, S. 4, 2010). Das Auftreten eines oder mehrerer solcher Symptome innerhalb weiniger Tage, wird dabei als „Schub" bezeichnet. (vgl. Henze, S. 5, 2010). Ein Schub ist demnach definiert als Entwicklung neuer neurologischer Krankheitszeichen oder Verschlechterung bestehender Symptome innerhalb von Stunden bis wenigen

[1] Georg Eduard von Rindfleisch (* 15. Dezember 1836; † 1908) war ein deutscher Pathologe.

Tagen, die über einen Zeitraum von mehr als 24 Stunden anhalten. Ein Abstand von 30 Tagen muss dabei zu einem eventuell vorausgegangenen Schub bestehen, damit ein Ereignis als neuer Schub bezeichnet werden kann (vgl. Paulig, S. 31, 2010). Meistens finden sich keine eindeutig auslösenden Faktoren für einen Erkrankungsschub. Allerdings können alle seelischen und körperlichen Belastungen einen Schub begünstigen. Dazu zählen insbesondere Infektionen, psychischer Stress oder seelische Belastungssituationen. Ein Schub kann somit einige Tage bis mehrere Wochen anhalten. Die Abstände zwischen zwei Schüben können dabei Wochen, Monate oder gar Jahre auseinander liegen (Web 04).

Der Deutsche Multiple Sklerose Gesellschaft, Bundesverband e. V. beschreibt die Charakteristik des Krankheitsbildes wie folgt: Das Gehirn stellt eine Art Schaltzentrale dar, in der Signale über das Rückenmark zum Körper gesendet oder von dort empfangen werden; diese werden von verschiedenen Nervenfasern geleitet, die ähnlich wie elektrische Kabel von einer Schutz-/Isolierschicht umgeben sind (vgl. Web 01). Diese Schutzschicht besteht aus einem Stoff, der Myelin genannt wird. Entsteht nun ein Entzündungsherd im Bereich einer solchen Schutzschicht, können Informationen und Botschaften nicht mehr wirkungsvoll weitergeleitet werden.

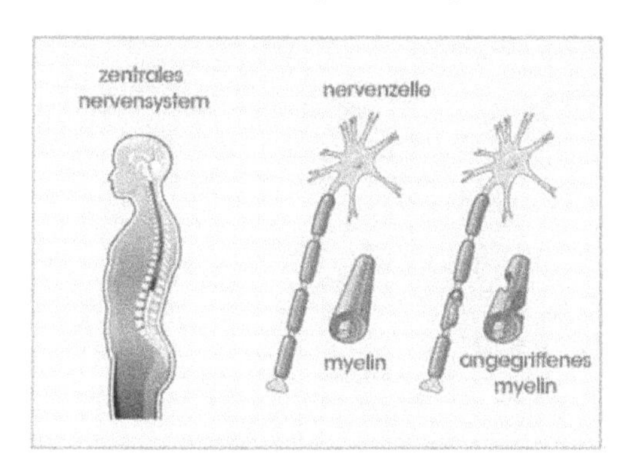

Abb. 1: Darstellung – Nervenzelle und das Myelin, Quelle: dmsg-bayern.de

Dies äußert sich zum Beispiel durch beginnende Symptome wie zum Beispiel Wahrnehmungsstörungen, vermehrest Stolpern oder das Auftreten von Sehstörungen.

Schätzungen zufolge sind weltweit ca. 2,5 Millionen Menschen von der Krankheit betroffen. Die Verteilung ist alles Andere als gleichmäßig. In Deutschland leben nach derzeitigen Hochrechnungen ca. 130.000 MS-Erkrankte; jährlich werden ca. 2.500 Menschen neu mit MS diagnostiziert. Fest steht: Frauen erkranken etwa doppelt so häufig wie Männer. Die Erkrankung wird in der Regel zwischen dem 20. und 40. Lebensjahr festgestellt - mit geringerer Häufigkeit tritt sie aber auch schon im Kindes- und Jugendalter auf. Erstdiagnosen nach dem 60. Lebensjahr sind selten (vgl. Web 01).

2.2 Die Entstehung von MS

Die Entstehung einer MS ist bis heute nicht ausreichend geklärt. Jedoch sind sich Wissenschaftler einig, dass bei der Erkrankung das Immunsystem eine wesentliche Rolle spielt.

Das Immunsystem des menschlichen Körpers schützt vor Krankheitserregern, indem es diese unschädlich macht, so bald sie in den Körper eindringen. Bei der MS ist ein Teilbereich dieses Abwehrmechanismus „falsch programmiert", das heißt, er richtet sich gegen den eigenen, den gesunden Körper. So kommt es zum Beispiel durch eine Fehlsteuerung innerhalb des Immunsystems zur Bildung von Antikörpern, die sich an die Schutzhülle der Nervenfasern (Axon einer Nervenzelle) heften und dort Schädigungen und Störungen verursachen können (vgl. Web 01).

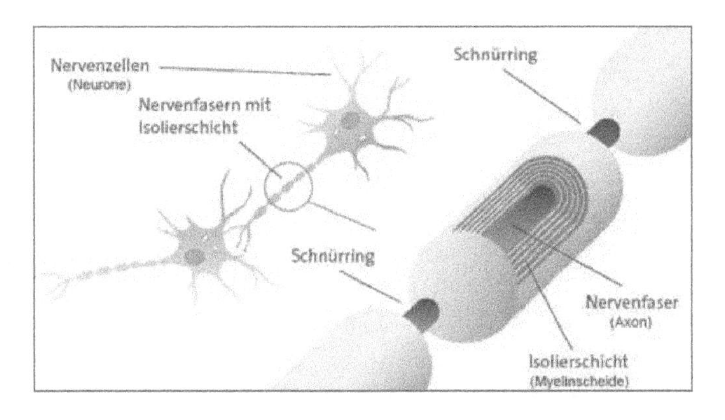

Abb. 2: Aufbau der Nervenfaser einer Nervenzelle, Quelle: www.msundich.de

Der Beginn des Krankheitsverlaufes ist gewöhnlich schleichend. So können geringfügige Sehstörungen, Schwächegefühle oder Ermüdungserscheinungen auftreten. Häufig kommt es dabei auch zu Gefühlsstörungen, plötzlichen Wein- oder auch Lachanfällen. Eine genaue Diagnose ist dann erst nach längerem Bestehen möglich (vgl. Pollak, S. 449, 1999). Doch eine rasche Diagnose durch einen Bluttest ist derzeit nicht möglich. Erst nach dem Auftreten der bereits zahlreich genannten Symptomen und weiteren Informationen zum Verlauf, kann ein Neurologe feststellen, ob eine MS vorliegt oder nicht. Die „Verdachtsdiagnose" ergibt sich dann, wenn sich bei einem Menschen Symptome entwickeln, die auf eine Störung im zentralen Nervensystem, also Gehirn oder Rückenmark, zurückzuführen sind (Henze, S. 13, 2010). Dies können zum Beispiel, eine Sehnervenentzündung, eine Gefühlsstörung in den Beinen oder eine Muskelschwäche sein (siehe Abb. 3).

Körperliche Symptome	
Motorische Störungen	• Gehstörungen durch Muskelsteifigkeit (Spastik) der Beine • Störungen der Feinmotorik der Hände durch Spastik • Muskelschwäche oder Lähmungserscheinungen einzelner Gliedmaßen
Gleichgewichtsstörungen Koordinationsstörungen	• Gestörte Bewegungskoordination (Ataxie), häufig zusammen mit Sehstörungen • Zielunsicherheit bei Bewegungen (Dysmetrie) • Zittern (Tremor), vor allem bei zielgerichteten Bewegungen
Empfindungsstörungen	• Missempfindungen, wie Kribbeln oder Taubheitsgefühle, können auch Störungen der Feinmotorik hervorrufen • Störungen der Wärme- oder Kälteempfindung • Empfindungsstörungen im Genitalbereich, verbunden mit sexuellen Störungen
Störungen der Hirnnerven	• Sehstörungen, z. B. Doppelbilder, Gesichtsfeldausfälle („schwarzer Fleck"), abnehmende Sehschärfe • Schluck-, Sprachstörungen
Organfunktionsstörungen	• Blasenstörungen (häufiger oder unkontrollierter Harndrang / Inkontinenz) • Verstopfung • Erektionsstörungen beim Mann
Psychische Symptome	
Fatigue	• Ungewöhnlich gesteigerte Ermüdbarkeit durch körperliche oder geistige Anstrengung
Kognitive Störungen	• Verlangsamung im Denken, Störungen von Aufmerksamkeit und Konzentration • Die Intelligenz wird nicht beeinträchtigt
Depressive Verstimmungen / Depressionen	• Reaktion auf die Diagnose MS bzw. phasenhafte Verschlechterungen • Eigenständiges, organisch bedingtes Krankheitsbild

Abb. 3: Körperliche und Psychische Symptome, Quelle: http://www.ms-kompetenz.de

Die Vielfalt der Symptome hat der Krankheit auch den Namen „Krankheit mit den tausend Gesichtern" eingebracht. Gerade weil dabei kein Krankheitsbild und Krankheitsverlauf dem anderen gleicht (vgl. Neuhofer, S. 8, 1998).

Zu den Diagnoseverfahren dieser Störungen gehört unter Anderem die Kernspintomographie. Die Magnetresonanztomographie (MRT) wie sie auch genannt wird, spürt kleine Entzündungsherde im Gehirn oder dem Rückenmark auf. Das Ergebnis einer solchen Untersuchung sind Schnittbilder in verschiedenen Abstufungen (siehe Abb. 4).

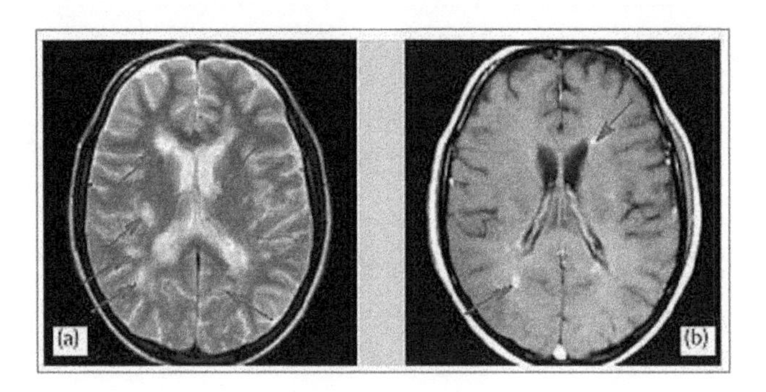

Abb. 4: Darstellung von MS-Läsionen (Entzündungsherde) im MRT, Quelle: http://www.ms-life.de/img/ms/4/32784_bil.jpg

Nach Gabe eines Kontrastmittels ist es sogar möglich, die Unterscheidung zwischen älteren und frischen MS-Läsionen zu treffen. Auch weitere Störungen zum Beispiel in der Blut-Hirn-Schranke und Verluste von Hirngewebe werden somit sichtbar (vgl. Web 03). Allerdings kann eine MS-Diagnose nicht allein auf Grund eines kernspintomografischen Befundes gestellt werden (vgl. Gehlen, S. 276, 2010). Die Diagnoseerstellung ergibt sich zusammenfassend aus der klinischen Symptomatik mit ihren schubförmigen Verläufen und einer Reihe zusätzlicher, zum Beispiel labortechnischen Untersuchungsbefunden, wie der Untersuchung des Nervenwassers (Liquoruntersuchung), welches das Gehirn und das Rückenmark umgeben (vgl. Neuhofer, S. 21, 1998). Neurologen haben mit diesem weiteren Diagnoseverfahren die Möglichkeit, oligoklonale IgG-Banden im Liquor nach zu weisen. Dies ist ein spezieller Antikörper, welcher bei MS nur im Nervenwasser zu finden ist. Die oligoklonalen IgG-Banden werden bei 90% aller Betroffenen nachgewiesen sodass sie wichtige Hinweise auf die Diagnose geben (vgl. Henze, S. 16, 2010). Zusammenfassend ergibt sich die Diagnosestellung der Erkrankung aus der klinischen Symptomatik mit ihren schubförmigen Verläufen und einer Reihe zusätzlicher radiologischer und labortechnischen Untersuchungsbefunden (vgl. Gehlen, S. 276, 2010).

Doch was genau passiert im Körper von MS-Erkrankten?

Bei Menschen, die an Multipler Sklerose erkrankt sind, wird die Myelinscheidewand durch die körpereigene Abwehr angegriffen und abgebaut. Die körpereigenen Abwehrzellen (Antikörper) bauen diese Myelinschicht, welche den Nerv umgibt, ab. Zurück bleibt anstelle der Schutzschicht vernarbtes und verhärtetes Gewebe. Die Isolationswirkung der Myelinscheide ist mit dem Angriff körpereigener Zellen nicht mehr gegeben. Somit ist gleichzeitig die rasche Weiterleitung elektrischer Impulse im Nervensystem deutlich eingeschränkt oder gar gänzlich unterbrochen. Liegt zum Beispiel eine Entzündung des Sehnervs vor, so attackiert das eigene Immunsystem die Scheidewand des Sehnervs – die Folge ist eine verschlechterte Leitung elektrischer Impulse und die Sehfähigkeit nimmt ab (vgl. Henze, S. 8, 2010).

Neben der „Entmarkung" spielt jedoch noch eine Degenerierung der Nervenfaser (Axome) eine wichtige Rolle. Das heißt, dass die Axome selbst geschädigt – also dünner und kürzer werden und sogar absterben können. Dieser Vorgang wird als „axonale Degeneration" oder auch „axonaler Schaden" bezeichnet (vgl. Henze, S. 8, 2010).

MS ist keine Erbkrankheit im strengen Sinne. Zahlreiche Forschungsergebnisse deuten jedoch darauf hin, dass von einer Veranlagung (Prädisposition) für MS auszugehen ist, welche vererbt werden kann. So erkranken von eineiigen Zwillingen nicht notwendigerweise beide an MS, obwohl sie identisches Erbgut besitzen. Bei der europäischen Gesamtbevölkerung beträgt das durchschnittliche Erkrankungsrisiko etwa 1:1000. Bei Verwandten ersten Grades (Kinder, Geschwister, zweieiige Zwillinge von MS-Erkrankten) ist das Erkrankungsrisiko höher und bewegt sich im Bereich von 1:100 bis 1:40 (vgl. Kindlimann, S. 30, 2009).

2.3 Verläufe der MS

Der Krankheitsverlauf ist individuell unterschiedlich. Es kommt dabei zu Krankheitsschüben in denen sich die bereits genannten Symptome entwickeln können. Grundsätzlich gibt es bei einer MS zwei Verlaufstypen: einen schubförmigen (siehe Abb. 5) und einen chronisch-voranschreitenden (progredienten – siehe Abb. 6 und 7) Verlaufstyp (Web 04).

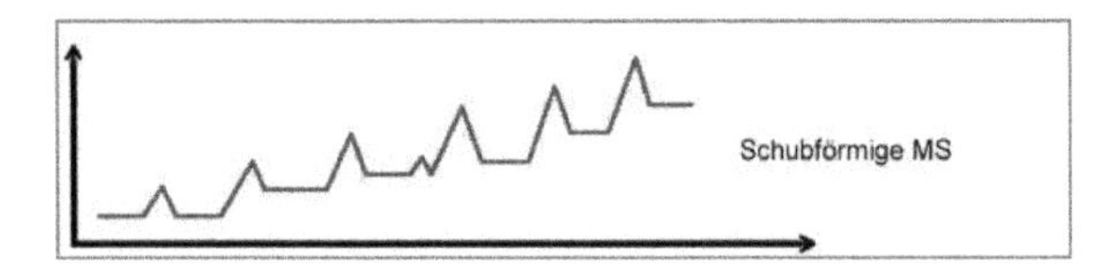

Abb. 5: Verlaufsformen der MS – Schubförmige MS, Quelle: http://www.apotheken-umschau.de

Bei über 85 Prozent der Patienten beginnt die MS mit einem schubförmigen Verlauf (vgl. Paulig, S. 31, 2010). Meistenes bildet sich die Symptomatik im Verlauf mehrerer Wochen komplett zurück. Je länger also die Symptome anhalten, desto geringer die Chance einer Rückbildungswahrscheinlichkeit (vgl. Paulig, S. 31, 2010). Im Nachgang kann es lang anhaltende Phasen subjektiver Gesundheit geben, bis der nächste Schub auftritt. Bei einigen Patienten folgen diese Schübe sehr rasch aufeinander. Die MS geht dann von der so genannten schubfähigen MS in ein Stadium mit langsam fortschreitender Verschlechterung über (vgl. Paulig, S. 31, 2010). Dieser Vorgang wird auch als „chronisch-progrediente“ bezeichnet.

Man unterscheidet den seltenen von Beginn an voranschreitenden Verlauf (primär progredient) ohne Erkrankungsschübe (sieh Abb. 6). Doch lediglich 10 bis 15 Prozent aller MS-Verläufe gelten als ausschließlich als chronisch-progredient (vgl. Henze, S. 10, 2010).

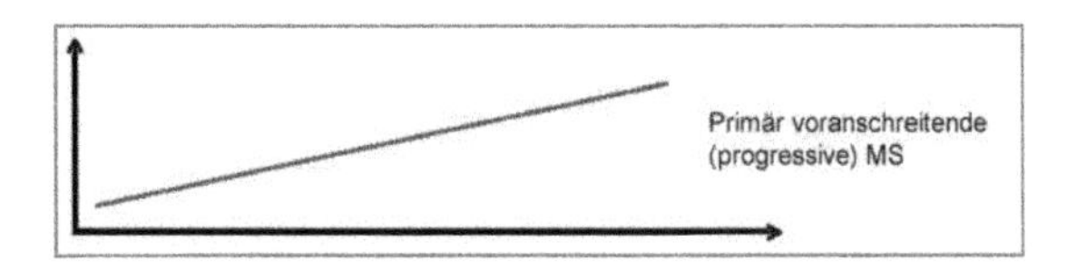

Abb. 6: Verlaufsformen der MS – chronisch-progrediente MS, Quelle: http://www.apotheken-umschau.de

In den meisten Fällen treten zunächst Schübe. Langsam entwickelt sich dann ein Stadium, in dem die Symptome langsam fortschreiten und schleichend neue Symptome hinzukommen. Dieser Verlauf wird als „sekundär chronisch progredient“ bezeichnet, wie die Abbildung 7 zeigt (vgl. Henze, S. 10, 2010).

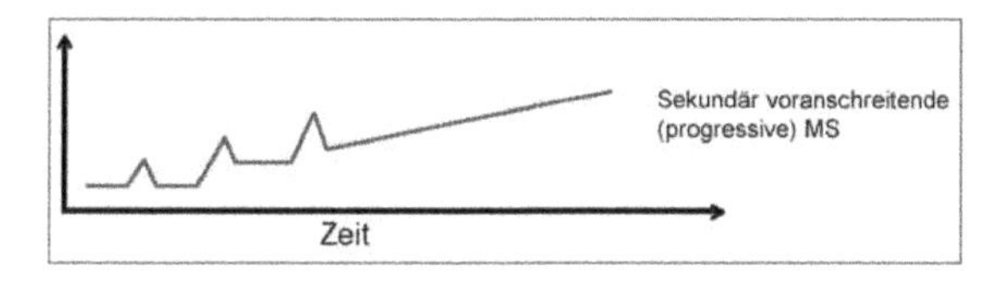

Abb. 7: Verlaufsformen der MS – sekundär-chronisch-progrediente MS, Quelle: http://www.apotheken-umschau.de

Eine geringe Anzahl von MS-Erkrankten zeigt einen primär chronisch-progredienten Verlauf auf. Die Prognose dieser Krankheitsform ist durchweg schlechter zu werten als die der schubweisen Verläufe (Gehlen, S. 274, 2010).

Nach der klassischen Ansicht entwickelt etwa ein Drittel der MS-Betroffenen keine wesentliche Behinderung. Im Hintergrund dieser Feststellung wird in Wissenschaftskreisen der Begriff einer milden MS-Form, der sogenannten „benignen MS“, kontrovers diskutiert. Von dem Begriff der benignen MS wird gesprochen, wenn nach zehn Jahren immer noch keine wesentliche Behinderung vorliegt (vgl. Paulig, S. 32, 2010). Wie sich eine Krankheit entwickelt, kann oftmals erst fünf bis sechs Jahre nach Diagnosestellung getroffen werden. Wesentlich entscheidend dafür sind die Ausprägung des Verlaufs sowie die Persönlichkeit. So spielen Faktoren, wie Lebensführung und Eigeninitiative, eine große Rolle auf die später noch eingegangen werden wird (vgl. Neuhofer, S.11, 1998).

2.4 Mögliche Ursachen und Risikofaktoren

Die genauen Ursachen der MS-Erkrankung sind noch nicht eindeutig geklärt. So wird davon ausgegangen, dass die wesentliche Ursache eine Autoimmunität ist (Fintelmann, S. 4, 2002). So werden bei einem gesunden Immunsystem gegen Fremdkörper wie zum Beispiel Bakterien oder Viren so genannte Antikörper gebildet. Forschungen jedoch zeigen, dass bei MS irrtümlich körpereigene, also nicht fremde Substanzen, das Immunsystem dazu veranlassen Antikörper zu bilden. So ist es wahrscheinlich, dass Bestandteile der körpereigenen Isolierschicht (Myelin) als fremd angesehen werden und darauf hin Antikörper bildet, welche die Myelinschicht zerstören (vgl. Schäfer / Kitze, S. 9, 2006). So zielen alle derzeitigen Therapieansätze auf ein regulierendes Eingreifen dieser Störungen im Immunsystem ab (vgl. Neuhofer, S. 13, 1998). Als Auslöser werden vor allem Entzündungen, Verletzungen oder auch seelische Belastungen heiß diskutiert.

Eins ist Gewiss. Die „Multiple Sklerose“ ist keine ansteckende Erkrankung (vgl. Web 06). Aus der immer wieder kehrenden Vermutung, dass Viren an der Entstehung beteiligt sein könnten, wird manchmal die zunächst durchaus verständliche Sorge abgeleitet, sich bei Kranken anstecken zu können. Derzeit gibt es bisher jedoch keinerlei Anhaltspunkte für diese Vermutung. So geht auch offensichtlich auch ein langjähriger und intensiver Kontakt mit MS-Kranken nicht mit einem erhöhten Erkrankungsrisiko einher. Dies zeigt sich beispielsweise bei Ärzten und Pflegepersonal neurologischer Kliniken, welche bisher nicht nachweislich durch den Umgang ebenfalls an MS erkrankten (vgl. Web 06). Aus all dem folgt, dass keinerlei Grund zur Sorge besteht, mit einem an MS-Patienten in Kontakt zu treten.

Dennoch gibt es verschiedene Faktoren, welche jemanden für MS anfällig (vulnerabel) machen könnte. Es wird angenommen, dass Vererbung dabei eine Rolle spielt. Weiterhin spricht vieles dafür, dass neben der genetischen Empfänglichkeit auch äußere Faktoren wie Infektionserkrankungen, Ernährung und Lebensweise beteiligt sind (vgl. Schäfer / Kitze, S. 9, 2006). Dabei wird vor allem die Zufuhr von Vitamin D und ungesättigte Fettsäuren als entscheidend gesehen (Paulig, S. 21, 2010). Der Hohe Anteil in der Nahrung dieser Stoffe bei Völkergruppen die im arktischen Zentral- und Nordostkanada sowie auf Grönland leben, könnte einer der Gründe sein, dass die MS bei dieser Population nur sehr selten vorkommt (vgl. Paulig, S. 21, 2010).

PsychometrischeUntersuchungen ließen den Blick auf bestimmte Stresserlebnisse oder auch psychische Persönlichkeitsmerkmale richten, welche ebenfalls wahrscheinliche Einflüsse auf die Erkrankung haben könnten (vgl. Paulig, S. 21, 2010). So begründet Fintelmann dies mit Wesensveränderungen, einer sehr wechselnden euphorisch-depressiven Stimmungslage, ein Gleichgültigwerden gegenüber seiner Umgebung und sich selbst und eine auffällige Verdrängung dieser Veränderungen bei MS-Erkrankten (vgl. Fintelmann, S. 5, 2002). Die Epidemiologie beschreibt den Verlauf von Krankheiten in langen Zeiträumen und in ihren unterschiedlichen Ausprägungen in der Bevölkerung, getrennt zum Beispiel nach Gesellschaft, Alter oder Rasse. So kam man zu der Erkenntnis, dass die MS Frauen etwa doppelt so häufig wie Männer trifft (vgl. Fintelmann, S. 5, 2002). Das typische Erkrankungsalter liegt zwischen dem 20. und dem 40.

Lebensjahr (Kesselring, S. 169, 2005). Jedoch zeigt die Praxis, dass auch jüngere oder auch ältere Menschen betroffen sein können.

3 Ein Leben mit MS

Ausgegangen von den circa 2,5 Millionen weltweit Betroffenen, soll die Zahl der in Deutschland lebenden Patienten beleuchtet werden. Die Zahl der Neuerkrankungen wird hierfür innerhalb eines bestimmten Zeitraumes (meist einem Jahr) gemessen und als sogenannte „Inzidenz“ bezeichnet. Bezieht man nun diese Zahl auf einen bestimmten Teil der Bevölkerung (meist 100.000 Menschen), so ergibt sich die Inzidenzrate. Die Inzidenzrate von MS-Erkrankten wird in den deutschsprachigen Ländern auf etwa fünf bis sechs pro 100.000 geschätzt. Bei rund 80 Millionen Einwohnern sind dies in Deutschland etwa 4500 neue MS-Erkrankungen pro Jahr (Web 05). Nach dem Deutsche Multiple Sklerose Gesellschaft (DMSG), Bundesverband e. V. liegen die Schätzungen zufolge der in Deutschland lebenden Betroffenen bei rund 130.000 MS-Erkrankten (vgl. Web 08).

Eine Vielzahl ganz individueller Schicksale mit unterschiedlichsten Ausprägungen, Symptomen und sozialen Folgen. Eines dieser Schicksale soll nun näher beleuchtet werden. Dabei bekam ich die Chance mit einer MS-Patientin ein Gespräch zu führen, um ihre Erfahrungen mit der Diagnose und dem Krankheitsbild in diese Ausarbeitung einfließen zu lassen. Doch eins Vorweg – ein Leben mit MS ist möglich. Bei meiner Begegnung mit Frau F. (Namen geändert) wurde mir dies klar. Doch eins nach dem anderen. Ich lernte Frau F. in einem Altenheim kennen. Ich bekam seitens der Heimleitung die Möglichkeit, sie über den Umgang mit ihrer MS-Erkrankung zu befragen.

Die Patientin ist 77 Jahre alt und erst seit wenigen Monaten in einer Pflegeeinrichtung untergebracht. Vor Feststellung der Erkrankung im Jahre 1995, zeigten sich bereits erste Symptome. Nach dem Tod ihres Mannes wurden diese dann intensiver und Frau F. erhielt nach zahlreichen Untersuchungen endgültig die Diagnose MS. Nicht selten ist nach schweren seelischen Erschütterungen, wie dieser, das gehäufte Auftreten von Schüben zu beobachten (vgl. Neuhofer, S. 16, 1998). So berichtete Frau F. von vermehrten Schüben in dieser Phase der Trauer. In der Wissenschaft werden unter Anderem psychosoziale Stressfaktoren als eine mögliche Ursache einer MS-Erkrankung diskutiert. Eine der zahlreichen Hypothesen, welche jedoch als nicht belegt gelten (vgl. Paulig, S. 21, 2010). Auch nach Operationen, welche ebenso eine psychische und physische Stresssituation darstellt, können Schübe oder Verschlechterungen bei erkrankten Personen hervorrufen. Dabei geht die größte Belastung von der Narkose aus (vgl. Neuhofer, S. 15, 1998). So bleibt zu erwähnen, dass Frau F. zusätzlich an Brustkrebs erkrankte und sich einer kräftezehrenden Chemotherapie unterziehen musste. Das anschließende Auftreten vermehrter Schübe schrieb die Patientin als sehr schmerzhaft und intensiv. Wie die Erkrankte zunächst die MS-Diagnose aufnahm und welche Folgen die Krankheit mit sich brachte, soll im Nachfolgenden näher beschrieben werden.

3.1 Diagnose MS – was nun?

Nicht selten stehen sich MS-Patienten zudem bisher nicht gekannten psychischen Belastungen gegenüber. So ist die Diagnose für viele Betroffene zunächst ein herber Rückschlag. Alle Lebenspläne scheinen vorerst zerstört. Betroffene werden zu „Kranken“. So verbinden die Meisten Invalidität, Rollstuhl oder auch Bettlägerigkeit mit der Krankheit (vgl. Neuhofer, S. 7, 1998).

Es ist die Ungewissheit über den völlig offene Krankheitsverlauf sowie die Folgen, die viele Betroffene und deren Angehörige ängstigt (vgl. Mucke, S. 281, 1992). Frau F. und ihre Angehörigen traf die Diagnose, trotz Auftreten erster Symptome, dennoch überraschend. Gerade für den Beginn einer MS-Erkrankung ist auffällig, dass ein oder mehrere Symptome nur sehr flüchtig auftreten und bei 60 Prozent der Patienten wieder von selbst verschwinden (Spontanremission), so dass sie oftmals nur als vorübergehende Störung und nicht als Krankheit gewertet werden (vgl. Neuhofer, S. 17, 1998). Sie erklärte sich das Auftreten von Stürzen aus dem scheinbaren Nichts sowie das Nachziehen eines Beines als Folge ihres Alters. Nachdem sich bei Frau F. jedoch die Symptome häuften, stellte sie sich ihrer Hausärztin vor, welche die beschriebenen Anzeichen auf eine eventuelle MS-Erkrankung untersuchte. Dabei kamen verschiedene Untersuchungsverfahren wie das EEG, MRT und die mehrmalige Nervenwasserentnahme zum Einsatz. Die Liquor-Untersuchung besitzt im Diagnoseverfahren der MS nach wie vor eine zentrale Bedeutung, da sie am treffendsten den Nachweis von entzündlichen Veränderungen im Nervenwasser nachweist (vgl. Paulig, S. 40, 2010). Das Liquor (Nervenwasser) wird durch eine Punktion zwischen dem dritten und vierten Lendenwirbelkörper gewonnen. Frau F. beschrieb die Nervenwasserentnahme als einen sehr schmerzhaften Eingriff.

Nach aufwendigen Laboruntersuchungen stand fest, dass Frau F. an MS erkrankt ist. Völlig unwissend beschrieb sie die anschließende Erklärung des Krankheitsbildes durch eine Fachärztin als enorm wichtig für sich selbst. Sie empfand dabei die Anwesenheit ihrer beiden Söhne, zum Einen als eine wichtige Stütze und zum Anderen wichtig für auch die Aufklärung der Angehörigen. Die zusätzliche psychische und physische Belastung auf Grund der parallel laufenden Krebstherapie beschrieb sie als enorm hoch.

3.2 Gesundheitliche Einschränkungen

Die MS ist geprägt von dem Auftreten eines oder mehrerer Symptome innerhalb weiniger Tage – auch als „Schub“ bezeichnet. (vgl. Henze, S. 5, 2010). Solche aneinanderreihende Symptome reichen dabei von Sehstörungen über schwerwiegende Einschränkungen in der Motorik bis hin zu enormes Zittern – auch als Tremor bekannt.

All diese Symptome schränken die Lebensqualität von Betroffenen in vielerlei Hinsicht erheblich ein. Eine Vielzahl von Arbeitsbeschäftigungen betroffener Patienten können vorübergehend oder dauerhaft nicht mehr ausgeübt werden - beliebte Freizeitaktivitäten nur noch eingeschränkt wahrgenommen werden.

Die so kennzeichnenden Schübe der MS-Krankheit traten bei der genannten Patientin im Allgemeinen sehr unterschiedlich, im Hinblick auf Häufigkeit und Symptomatik, auf. Mal beschrieb sie Schmerzen in Arm und Beinen, mal erhöhte Müdigkeit oder ein abnehmendes Appetitgefühl zu Beginn eines Schubes. Die Zeit eines Schubes schildert sie dabei als sehr unangenehm und belastend. Sie informierte mich über eine Infusionstherapie, welche die Schübe heute nur noch selten auftreten lassen. Dabei handelte es sich um eine monatliche Infusion mit Natalizumab, welche die Schubrate laut Professor Judith Haas[2] um 68 Prozent verringern kann (Web 09). Durch das Medikament wird der Übertritt von Leukozyten in die Blut-Hirn-Schranke blockiert und das ZNS gegen Entzündungszellen abgeschirmt. Die Bildung von MS-Läsionen im Gehirn wird eingeschränkt (Schröder-Dumke, S. 91, 2010). Diese Therapie wird heute bereits von zahlreichen Kliniken angewendet.

Auffällige kognitive Leistungseinbußen zeigen sich bei der Betroffenen nicht. Dies beweist, dass kognitive Leistungsstörungen somit keine zwingende Folge einer MS-Erkrankung sind (vgl. König / Flachenecker, S. 68, 2010). Dennoch berichten eine Vielzahl von Studien, dass etwa 45 – 64 Prozent der Betroffenen von diesen Störungen, wie zum Beispiel Aufmerksamkeitsstörungen oder Einschränkungen der räumlich-visuellen Wahrnehmungsfunktion, betroffen sind (vgl. König / Flachenecker, S. 67, 2010).

[2] Prof. Dr. med. Judith Haas, Chefärztin der Abteilung für Neurologie, Jüdisches Krankenhaus Berlin

Nach einer zweifachen Chemotherapie und dem Entfernen zweier Lymphdrüsen zeigten sich bei ihr erste Gefühlsstörungen im linken Arm, welche sich als Versteifung des Armmuskels (Spastik) manifestierten. Diese wurden von den Ärzten als Folge der MS-Erkrankung zurückgeführt. Zu Beginn der Krankheit konnte Frau F. mit Unterstützung eines Rollators noch laufen. Seit einigen Jahren ist die Patientin auf einen Rollstuhl angewiesen. Das Anfängliche Nachziehen des Beines führte über die Jahre ebenfalls zu einer Versteifung beider Beine und schränkt sie in ihrer Mobilität heute erheblich ein.

In den weiteren Jahren blieb der Patientin eine organische Funktionsstörung wie ein unkontrollierter Harndrang, auch Inkontinenz genannt, nicht erspart. Auf Grund dieser zahlreichen Einschränkungen wurde Frau F. in die Pflegestufe II eingeordnet und ist seit dem auf fremde Hilfe angewiesen. Die Aufnahme in ein Pflegeheim war somit unvermeidbar.

Ein weiterer Aspekt der gesundheitlichen Einschränkung ist die nötige Umstellung der Ernährung, welche die MS-Erkrankung mit sich brachte. So zeigt sich, dass Patienten welche ihre Ernährung umgestellt haben, eindeutig einen milderen Krankheitsverlauf aufweisen. Ein MS-Betroffener hat einen erhöhten Bedarf an Vitaminen, Spurenelementen und Mineralstoffen (vgl. Neuhofer, S. 59, 1998). Frau F. bestätigte diese medizinische Erkenntnis mit einer Ernährungsumstellung in der sie den Verzehr von Fleisch verringert und die Flüssigkeitszufuhr erhöht. Magere Milchprodukte sollen bei MS-Patienten die Eiweißzufuhr gewährleisten (vgl. Mertin / Vaney, S. 251, 2005). Hier zeigt sich auch die ganz individuelle Verträglichkeit von Nahrungsmitteln bei Betroffenen. So kann Frau F. diese Milchprodukte nur in sehr geringen Mengen zu sich nehmen um eine Unverträglichkeit zu vermeiden. MS-Erkrankten wird ebenso empfohlen, Obst, Gemüse und Fisch zu sich zu nehmen (vgl. Mertin / Vaney, S. 251, 2005). Der Verzicht auf Alkohol- und Nikotinkonsum wird empfohlen. Dennoch schätzt sie die Freiheit, zu bestimmten Anlässen, Alkohol in geringen Mengen zu genießen.

Zusammenfassend bestätigen sich zahlreiche Forschungsergebnisse, welche beschreiben, dass sich einzelne Symptome im weiteren Verlauf spontan zurückbilden, anhalten aber auch im weiteren Krankheitsverlauf zunehmen können (vgl. Henze, S. 11, 2010). Letzteres gilt vor allem für Symptome wie die Spastik oder auch die Störung der Blasenfunktion bei der Patientin.

3.3 Herausforderungen im Alltag

Nachdem ich Frau F. fragte wie sie im Alltag mit der Erkrankung umgehe und was sie fühlt, vermittelte Sie mir erstaunlicher Weise den Eindruck einer inneren Gelassenheit im Umgang mit ihrer MS. So schien der Rollstuhl zwar eine wesentliche Einschränkung ihrer Bewegungsfähigkeit, jedoch nicht die größte ihrer Belastungen, dar zu stellen. Neben der eigentlichen Diagnose beschrieb sie die Inkontinenz und die damit verbundene Unselbständigkeit als größte Einschränkung. Der Toilettengang gestaltet sich seither als sehr aufwendig, da zwei Pflegekräfte sie bei diesem intimen Vorgang täglich mehrfach unterstützen müssen.

Als ein weiterer Ballast empfindet sie die manifestierte Spastik in ihrem linken Arm, da sie die geliebte Handarbeit nicht mehr ausführen kann. Seitdem ließt sie vermehrt Handarbeitszeitschriften um so ihrem Hobby treu zu bleiben. In unserem letzten Gespräch schilderte mir Frau F., dass bei längerem Lesen ihre Augen beginnen zu Brennen. Dies deutet auf eine Sehnerventzündung hin, welche ebenfalls auf die MS zurück zu führen ist. Sehr außergewöhnlich dabei ist, dass die Entzündung des Sehnervs in den meisten Fällen zu Beginn einer MS-Erkrankung auftritt (vgl. Neuhofer, S. 23, 1998). Doch auch hier zeigt sich die symptomatische Einzigartigkeit und Individualität einer jeden MS-Erkrankung.

Die Heimunterbringung beschrieb sie für sich als sehr angenehm und hilfreich. Sie hielt fest, dass sie allein und somit ohne fremde Hilfe den Alltag nicht bewältigen könne und ihr die Pflegekräfte diese Unterstützung geben könnten. Trotz der von Frau F. gelobten Betreuung in der Pflegeeinrichtung wäre sie natürlich gern in ihrer alten, gewohnten, familiären Umgebung. Die Krankheit hat über die Jahre erhebliche gesundheitliche Einschränkungen nach sich gezogen und letztendlich auch die Heimunterbringung notwendig gemacht, was die MS-Patientin für sich akzeptiert hat. Sie beteiligt sich an Freizeitaktivitäten der Pflegeeinrichtung, pflegt Kontakte innerhalb aber auch außerhalb des Heimes. Ihr gesundheitlicher Zustand lässt zudem Spaziergänge und Feierlichkeiten im Kreise ihrer Familie, auch auswärts, zu.

Die Annahme des Krankheitsbildes einer MS ist ein weitreichender Prozess, der weitgehend durch die prämorbide Persönlichkeit und das Verhalten des sozialen Umfeldes geprägt wird (vgl. Mucke, S. 281, 1992). Prämorbid bezeichnet dabei die Persönlichkeit vor Auftreten einer Krankheit. Anders ausgedrückt wird die Annahme der Krankheit MS wesentlich davon beeinflusst, in welcher psychischen Verfassung sich Betroffene in ihrem bisherigen Leben befunden haben. Hierbei spielen Fähigkeiten im Umgang mit außerordentlichen Veränderungen eine große Rolle. Im Beispiel von Frau F. soll im Nachgang ihre Lebensmotivation erklärt werden. Was gibt der Patientin Kraft, was bereitet ihr Freude?

3.4 Bewältigungsstrategie

Das Betroffen sein einer chronischen Erkrankung stellt für viele Patienten einen massiven Einschnitt ihrer bisherige Identität dar. Erkrankte sind demnach gezwungen sich mit dem Krankheitsbild, dem Verlauf und vor allem der Unmöglichkeit der Heilung auseinander zu setzen. Letztendlich muss der Betroffene möglicherweise immer wieder mit neuen Einbußen und Verlust körperlicher Funktionen rechnen und mit diesen klarkommen. Nicht selten treten in diesem ständig widerkehrenden Prozess der Verlust des Selbstwertgefühls, Ängste, Trauer oder gar Depressionen auf (vgl. Poser / Schäfer, S. 330, 1992). So hat jeder Patient seine eigene Art, sich mit der Krankheit auseinanderzusetzen. Meist durchläuft der Betroffene dabei verschiedene Etappen. Diese beginnen meist mit der Verweigerung hinsichtlich der Akzeptanz der Krankheit bis über die Entwicklung der allmählichen Bereitschaft, das Leben mit dieser Krankheit an zu nehmen (vgl. Neuhofer, S. 36, 1998). Als Mutter und Großmutter blickt Frau F. sehr positiv und vor allem zufrieden auf ihr bisheriges Leben zurück. Für sie stand ein „Aufgeben" niemals zur Diskussion. Sie entwickelte eine positive Strategie zur Krankheitsbewältigung. Diese wird auch „Coping" genannt. Dabei sollen durch die Krankheit ausgelöste Stresssituationen konstruktiv gemeistert werden. Eine Grundvoraussetzung dafür ist zunächst die Erkrankung anzunehmen und die damit verbundenen Leistungseinschränkungen zu akzeptieren (vgl. Novartis, S. 29, 2011).

Immer wieder neu auftretenden, körperlichen Einschränkungen stellte sich die MS-Patientin stets. So meisterte sie die Diagnose einer Krebserkrankung sowie zahlreiche Untersuchungen, Krankenhausaufenthalte, Operationen, körperliche Funktionseinschränkungen, sowie die für sie so anstrengenden Physiotherapiesitzungen. Einen wesentlichen Halt gibt ihr dafür ihre bereits erwähnte Familie. Dies zeigten auch die zahlreichen Bilder ihrer Söhne und Enkel an den Wänden ihres Zimmers im Pflegeheim. So beschrieb sie die regelmäßigen Besuche der Familie als eine Möglichkeit die Krankheit vorübergehend zu vergessen. Als Betroffene im hohen Alter erinnert sie sich gern an ihr Leben und über 50-jährige Ehe zurück und ist dafür sehr dankbar. Anders als bei der Vielzahl der doch deutlich jüngeren MS-Betroffenen, konnte sie all ihre Lebenspläne realisieren. So blieben Zukunftsängste hinsichtlich der Ausübung einer Arbeit oder auch die Kinderplanung, durch den Krankheitsausbruch im Alter von 60 Jahren, aus.

Auch als 77-jährige ist die Patientin für verschiedenste Themen offen und hält sich über Medien, wie Fernsehen oder Tageszeitung, zum regionalen Geschehen auf dem Laufenden. Unsere gemeinsamen Gespräche bildeten bei meinen Besuchen so auch eine weitere Möglichkeit für Frau F., sich mit dem Krankheitsbild und allen damit verbunden Einschränkungen des früheren Lebensstils weiter auseinander zu setzen und ein glückliches Leben zu reflektieren.

4 Ausgehende Bemerkungen

Multiple Sklerose – Die Krankheit „mit den 1000 Gesichtern" trifft in einer Vielzahl der Fälle, Menschen im Alter zwischen 20 und 40 Jahren.

Dennoch zeigt der Praxisbezug in dieser Arbeit, dass die MS vor keinem Alter halt macht. Gerade bei Ausbruch der Krankheit in jungen Jahren stehen Betroffene vor einer Vielzahl von offenen Fragen und Herausforderungen. Zunächst ist die Diagnose für viele Patienten ein Schock. Gesunde werden zu Kranken und alle bisherigen Lebenspläne scheinen unrealisierbar. Dies liegt zum Einen in einer Vielzahl von Mythen rund um die Erkrankung und zum Anderen in der Unwissenheit hinsichtlich des Krankheitsverlaufes begründet. So verbinden viele Menschen mit MS immer noch das Krankheitsbild des Muskelschwunds. Weiterhin ist der Glaube, zwangsläufig auf einen Rollstuhl angewiesen zu sein, an der Krankheit zu sterben oder sich mit MS anstecken zu können, weit verbreitet. Ist die Diagnose einmal gestellt, gilt es zunächst Aufklärungsarbeit zu leisten. Nicht vergessen werden sollten neben dem Betroffenen die Angehörigen. Auch für sie kommt die Feststellung der Krankheit meist sehr überraschend und stellt im Umgang mit dem Patienten ebenso eine große Herausforderung dar.

Die Ausprägung der Symptome ist in allen Fällen sehr verschieden. Keine MS-Erkrankung, kein Verlauf gleicht dem Nächsten. Als eine der häufigsten, chronisch-entzündlichen Erkrankungen des Nervensystems kann MS weitreichende Symptome hervorrufen. Da das Gehirn und Rückenmark eine Vielzahl von Körperfunktionen steuern, reichen diese von Seh-/ Gefühlsstörungen, Schmerzen oder Lähmungen bis hin zu Inkontinenz und kognitiven Einschränkungen. Das Auftreten eines oder mehrerer solcher Symptome innerhalb einiger Tage äußert sich dann in Schüben.

Die durch die Schübe geprägte Krankheit und deren Folgen stellen eine enorme physische und psychische Belastung dar, welche in einigen Fällen auch Trauer, Lustlosigkeit oder auch Depressionen hervorrufen können. Daher ist für die Entwicklung einer Bewältigungsstrategie umso wichtiger, sich mit der Krankheit auseinander zu setzen. So stehen Betroffene der Herausforderung gegenüber, ihr Leben an den individuellen körperlichen Möglichkeiten an zu passen. Dabei gilt es sie zu unterstützen. So zeigt die Praxis, dass mittels verschiedener Therapien, Ernährungsumstellung und anderer Hilfestellungen dennoch ein Leben mit MS möglich ist.

So war es mir wichtig mit dieser Arbeit, einmal Wissen an zu eignen, aber auch über dieses Krankheitsbild mit einem einhergehenden Praxisbezug zu berichten. Gerade im Feld der sozialen Arbeit, egal ob mit jungen oder alten Menschen, stoßen Sozialarbeiter auf verschiedenste Biografien und sollten neben dem theoretischen MS-Krankheitsbild auch Wissen mit den damit verbunden körperlichen und sozialen Folgen erlangen. Dies kann den Zugang zu Betroffenen wesentlich erleichtern und helfen eventuelle Arbeitsmethoden spezifisch an zu passen.

5 Literaturverzeichnis

Fintelmann, V.: Multiple Sklerose. Einzelschicksal oder Zeitenschicksal? Bad Liebenzell, 2002

Gehlen, W.: Multiple Sklerose. In: Gehlen, W. & Delank, W. (Hrsg.): Neurologie. Georg Thieme Verlag, Stuttgart, 2010

Henze, T.: Multiple Sklerose – Symptome besser erkennen und behandeln. W. Zuckschwerdt Verlag, München, 2010

Kesselring, J.: Pathologische Anatomie und experimentelle Modelle. In: Brandt, T. & Cohen, R. & Helmchen, H. & Schmidt, L. R. (Hrsg.): Multiple Sklerose. Verlag W. Kohlhammer, Stuttgart, 2005

Kindlimann, A.: MS ist keine Erbkrankheit. In: Bayer Schweiz AG (Hrsg.): Diagnose MS - Ich bin nicht allein. Zürich, 2009

König, H. & Flachenecker, P.: Kognitive Störungen. In: Henze, T. (Hrsg.): Multiple Sklerose – Symptome besser erkennen und behandeln. W. Zuckschwerdt Verlag, München, 2010

Mertin, J. & Vaney, C.: Symptomatische Behandlung – Ernährung. In: Brandt, T. & Cohen, R. & Helmchen, H. & Schmidt, L. R. (Hrsg.): Multiple Sklerose. Verlag W. Kohlhammer, Stuttgart, 2005

Mucke, H.: Poser, S. & Schäfer, U.: Psychische Veränderungen und psychische Führung bei Multiple-Sklerose-Kranken. In: Schmidt, R. M (Hrsg.): Multiple Sklerose – Epidemiologie, Diagnostik und Therapie, Gustav-Fischer Verlag, Stuttgart, 1992

Neuhofer, C.: Multiple Sklerose – Die Erkrankung mit den 1000 Gesichtern. In: Wimpffen, H. H. (Hrsg.): Multiple Sklerose. Falken-Verlag, Niedernhausen, 1998

Novartis: „Coping" – Strategien zur Krankheitsbewältigung. In: Novartis Pharma GmbH (Hrsg.), Extracare - Familie, Partnerschaft und Freunde mit MS. Nürnberg, 2011

Paulig, M.: Verlauf und Prognose. In: Paulig, M. & Schröder-Dumke, D. (Hrsg.), Multiple Sklerose. Beschwerden und Therapie. Govi-Verlag, München, 2010

Pollak, K.: Gesundheits-Lexikon. Ein Ratgeber für Gesunde und Kranke. Weltbild Verlag GmbH, Augsburg, 1999

Poser, S. & Schäfer, U.: Hilfe bei der Verarbeitung der Diagnose (Coping). In: Schmidt, R. M (Hrsg.): Multiple Sklerose – Epidemiologie, Diagnostik und Therapie, Gustav-Fischer Verlag, Stuttgart, 1992

Schäfer, U. & Kitze, B.: MS-Tagebuch. Vandenhoeck & Ruprecht Verlag, Göttingen, 2006

Schröder-Dumke, D.: Therapie. In: Paulig, M. & Schröder-Dumke, D. (Hrsg.), Multiple Sklerose. Beschwerden und Therapie. Govi-Verlag, München, 2010

Internetquellen

Web 01

Was ist Multiple Sklerose?
http://www.dmsg.de/multiple-sklerose-infos/index.php?w3pid=ms&ka
Abrufdatum: 22.10.2012

Web 02

Eine chronische Entzündung zerstört den Schutz der Nerven
http://www.dmsg.de/multiple-sklerose-infos/index.php?w3pid=ms&kategorie=geschichtederms&anr=1733&gdmsnr=5
Abrufdatum: 22.10.2012

Web 03

Kernspintomographie trägt zur Sicherung der Diagnose bei
http://www.ms-life.de/mslife/ms-wissen/untersuchung/mrt/content-133191.html
Abrufdatum: 25.10.12

Web 04

Multiple Sklerose (MS) - Verlaufsformen und Prognose
http://www.apotheken-umschau.de/Multiple-Sklerose/Multiple-Sklerose-MS-Verlaufsformen-und-Prognose-18894_4.html
Abrufdatum: 27.10.2012

Web 05

Wie häufig ist nun Multiple Sklerose?
http://www.msweb.lu/internet/de/html/nodes_main/4_1087_26/4_1070_112.htm
Abrufdatum: 29.10.2012

Web 06

Ist Multiple Sklerose ansteckend?
http://www.msweb.lu/internet/de/html/nodes_main/4_1087_26/4_1070_120.htm
Abrufdatum: 19.11.2012

Web 07

Auswirkungen der MS
http://www.g-netz.de/Gesundheit_A-Z/Index_I-N/Multiple_Sklerose/mult_Auswirkung/mult_auswirkung.shtml
Abrufdatum: 26.11.2012

Web 08

Das deutschlandweite MS-Register der DMSG, Bundesverband e.V.
http://www.dmsg.de/msregister/index.php?nav=msregister
Abrufdatum: 26.11.2012

Web 09

Monatliche Infusion bewährt sich bei MS
http://www.aerztezeitung.de/medizin/krankheiten/neuro-psychiatrische_krankheiten/multiple_sklerose/article/444843/monatliche-infusion-bewaehrt-ms.html
Abrufdatum 28.11.2012

Lightning Source UK Ltd.
Milton Keynes UK
UKHW010840030619
343780UK00002B/615/P